장애인은 버스가 불편해!
: 모두가 평등하게 지낼 수 있을까?

초판 1쇄 발행 2025년 11월 17일

지은이   이기규
그린이   박지윤
펴낸이   진영수
디자인   김세라

펴낸곳   영수책방
          출판등록 2021년 2월 8일 제 2022-000024호
          전화 070-8778-8424 | 팩스 02-6499-2123
          전자우편 sisyphos26@gmail.com | 홈페이지 ysbooks.co.kr

ⓒ 이기규·박지윤 2025
ISBN 979-11-93759-07-3 74300
     979-11-974312-4-1 (세트)

─────

사진 제공   35쪽 연합뉴스 63쪽 rivo.me 95쪽 위키미디어(Various) 119쪽 eone-time.kr

* 영수책방은 이 책에 실은 사진의 저작권자를 찾아 허락을 받았습니다. 그럼에도 저작권자가 확인되지 않았거나 허락을 받지 못한 부분이 있다면 사용 허가를 받고 통상의 사용료를 지불하겠습니다.
* 잘못된 책은 구입처에서 교환하여 드립니다.
* 이 책은 저작권법에 따라 보호받는 저작물이므로 무단 전재와 무단 복제를 금지하며, 이 책 내용의 전부 또는 일부를 이용하려면 저작권자와 영수책방의 동의를 받아야 합니다.

어린이제품안전특별법에 의한 제품표시
제조자명 영수책방 **제조국명** 대한민국 **사용연령** 만 8세 이상 어린이 제품

장애인은 버스가 불편해!

이기규 지음 | 박지윤 그림

영수책방

작가의 말

　학교에서 장애나 장애인에 대한 말은 자주 이야기되지 않습니다. '장애인의 날'이 되어 교육할 때를 제외하면, 비장애 학생들에게 장애란 말은 낯설게만 다가옵니다. 그래서 학생들은 장애인을 함께 사는 이웃이 아니라 뭔가 특별한 존재라고 생각합니다. 그리고 이러한 생각이 결국 장애인과 장애에 대한 편견을 갖게 합니다.
　이 책에서 여러분에게 말을 건네는 주인공은 휠체어입니다. 휠체어가 어떤 것인지 모르는 사람은 없습니다. 장애인 관련 시설에 대부분 휠체어 그림이 그려져 있으니까

요. 그런데 휠체어는 여러분에게 친근한 존재인가요? 아마 그렇지 않을 것입니다. 나와는 거리가 있는 낯선 물건처럼 느껴질 테니까요.

마찬가지로 사람들은 장애인의 현실이나 장애에 대해 잘 알지 못합니다. 그러다 보니 비장애인과 함께 살아가는 장애인이 마치 투명 인간이 된 것처럼 보입니다. 이 책에서 휠체어가 여러분에게 말을 걸게 된 것도 이런 이유 때문입니다.

휠체어는 이런 현실에서 장애와 장애인에 대해 관심을 가지라고 외칩니다. 그리고 그동안 멀게 느껴진 장애인의 현실이 바로 비장애인이 살아가는 현실과 맞닿아 있다고 말합니다. 한번 휠체어의 이야기에 귀 기울여 보세요. 장애인과 비장애인이 함께 만들어 가는 세상을 엿볼 수 있을지도 몰라요.

차례

작가의 말 • 4

1. 장애인은 투명 인간이 아니야
휠체어가 바라보는 세상 • 10
보이지 않는 사람들? 보지 않으려는 사람들 • 13
휠체어가 모든 장애인을 대표하지 않아 • 21
장애인은 비장애인의 미래야 • 27
계단을 오르내릴 수 있는 휠체어 • 34

2. 그렇게 쳐다보면 안 돼!
장애를 극복한 장애인은 없어 • 38
장애인은 불쌍한 사람이 아니야 • 44
나는 나쁜 장애인이 되고 싶어! • 51
도움보다 존중이 먼저야 • 55
시각 장애인도 스마트폰을 사용할 수 있을까? • 62

3. 왜 배려가 아니라 권리일까?
그들은 왜 지하철을 멈추게 했을까? • 66
과연 교실은 모두에게 공정할까? • 74
일할 기회마저 없는 장애인 • 80
장애인 인권을 위해 싸운 사람들 • 87
발달 장애인의 의사 소통을 위한 AAC 기술 • 94

4. 장애인이 행복한 세상은 모두가 행복한 세상
장애인 편의 시설이 아닌 모두가 편하게 이용하는 시설 • 98
모든 사람을 위한 유니버설 디자인 • 102
장애인도 비장애인도 행복한 무장벽 도시 • 106
장애 학생, 비장애 학생이 함께 공부하는 행복한 교실 • 110
배리어 프리 기업을 아시나요? • 114
유니버설 디자인, 브래들리 타임피스 • 118

장애인은 투명 인간이 아니야 ①

휠체어가 바라보는 세상

안녕! 나는 휠체어야. 밀어서 움직일 수 있는 커다란 두 개의 뒷바퀴와 방향을 바꾸는 데 이용하는 두 개의 앞바퀴, 등받이와 뒤에 달린 손잡이까지, 굳이 묘사하지 않아도 나를 모르는 친구들은 없겠지? 모두 나를 알고 있는 데는 이유가 있어. 일상생활 속에서 나를 발견하는 일이 쉽기 때문이야.

혹시 지하철을 탔을 때 좌석이 없는 텅 빈 공간을 본 적 있니? 휠체어 타는 장애인을 위한 자리지. 그 자리 바닥이나 뒤쪽 창문에는 그림이 있어. 어떤 그림일까? 맞아, 바로 나 휠체어 그림이야.

엘리베이터를 탈 때는 또 어떻고? 엘리베이터를 이용하기 위한 버튼 옆에도 휠체어 그림을 볼 수 있어. 또 부모님이랑 자동차를 타고 마트에 갔을 때는 어때? 주차장 바닥에서도 휠체어 그림을 만날 수 있어. 장애인 전용 주차 구역이라는 표시지. 게

다가 학교에서 보는 교과서 안에도 휠체어 그림이 있어. 그러니 날 모르는 친구가 어디 있겠어?

우리는 장애인을 상징하는 표시로 휠체어 그림을 활용해. 그 때문에 사람들은 휠체어 그림을 보면 '장애인'을 떠올리고, 장애인을 생각하면 '휠체어'를 떠올리지. 하지만 난 그게 좀 불만이야. 왜냐고? 사람들은 나를 보면 장애인을 생각하지만 정작 장애인에 대해 아는 게 별로 없거나 오해하는 일이 있기 때문이야. 심지어 장애인에 대해 관심을 가질 생각도 없지. 사실 휠체어가 모든 장애인을 대표할 수 없다는 걸 아는 사람도 별로 없을걸!

그래서 내가 바라보는 세상, 장애인이 보는 세상, 장애인을 바라보는 세상에 대한 이야기를 하려고 해.

장애는 무엇일까? 우리 주변에 장애인은 얼마나 있을까? 누굴 장애인이라고 부를까? 사람들이 장애인에 대해 갖고 있는 편견은 무엇일까? 장애인은 어떤 차별을 받고 있을까? 너희와 함께 알아 갈 게 참 많아.

어때? 이제 내 이야기를 들을 준비가 되었니? 그럼 바퀴를 힘차게 구르며 시작해 볼까?

보이지 않는 사람들? 보지 않으려는 사람들

너희는 일상생활에서 장애인을 자주 만나니?

"저는 매일 장애인들과 만나요"라고 대답하는 친구보다 "저는 장애인을 한 번도 만난 적이 없어요"라고 대답하는 친구가 더 많을 거야. 실제로 학생들이 학교에서 장애가 있는 친구를 만나는 경우는 거의 없어. 왜 그럴까? 우리나라에는 장애인의 수가 매우 적기 때문일까? 아니야. 오히려 그 반대야.

통계청은 우리나라 인구에 대해 자세한 통계를 내는 기관인데, 통계청에서 만든 2024년도 자료에 따르면 우리나라에 등록된 장애인의 수는 대략 263만 명이야. 이는 우리나라 전체 인구

의 5% 정도지. 아직 그 수가 얼마나 많은지 잘 모르겠다고? 그럼 비교해서 알기 쉽게 우리나라 전체 초등학생의 수가 얼마인지 생각해 볼까? 2024년도 통계에 따르면 우리나라 초등학생의 수는 약 249만 명이야. 장애인 수가 초등학생 수보다 많은 거지. 이제 우리나라 장애인의 수가 얼마나 많은지 알겠니? 생각보다 많아서 놀라지는 않았어?

그런데 이 이야기를 듣고 나서 궁금증이 생긴 친구는 없니? 우리나라에는 초등학생보다 장애인이 더 많은데 왜 실제로 장애인을 보거나 만나는 경우가 별로 없을까? 장애인들이 모두 숨어 살아서 우리 눈앞에 보이지 않는 걸까?

반은 맞고 반은 틀려. 장애인도 비장애인처럼 더 자주 밖을 돌아다니고 싶고 더 자유롭게 살아가고 싶어. 하지만 그렇지 못한 경우가 많아.

우리나라는 장애인이 자유롭고 편안하게 생활할 수 있는 환경이 아니기 때문이야. 그래서 집 밖으로 나오지 못해 비장애인이 볼 땐 마치 숨어 사는 것처럼 느껴지는 거지. 이게 무슨 말인지 잘 이해가 안 된다고? 그럼 예를 들어 보자.

학교, 학원, 마트에 가서 공부하거나 물건을 사는 일을 생각해 볼래? 특별히 불편한 게 있니? 아마 걸어가거나 대중교통만 이용하면 자유롭게 다닐 수 있어서 크게 불편한 게 없을 거야. 하지만 장애인은 어떨까?

장애인은 비장애인이 당연하게 누리는 일을 제대로 누리지 못하는 경우가 많아. 학교나 학원에서 공부하는 일도 마트에 가는 일도 장애인에게는 매우 큰 노력이 필요하거든. 만약 학교에 갈 때 엄청난 힘과 시간을 쏟아야 한다면 매일 학교에 가고 싶을까? 아마 공부하는 게 즐거운 친구라도 점점 학교에 가는 일이 싫어질 거야. 그러니 학교나 다른 공간에 장애인이 보이는 일이 적을 수밖에. 장애인이 스스로 모습을 감춘다기보다는 세상이 장애인을 보지 않으려고 하는 거지.

만약 주위 친구들이 너를 투명 인간처럼 취급한다고 생각하면 어때? 투명 인간이 된다는 걸 상상하기 어렵다면 한번 학교에서 왕따를 당한다고 생각해 봐. 친구들이 무시하고 네 이야기를 들어주지도 않고, 어떤 일을 정할 때도 아예 없는 사람 취급한다고 말이야. 기분이 어떨 거 같아? 슬프고 화가 나겠지? 그런데 장애인들은 이런 취급을 매일매일 당하고 있어.

또 다른 예를 들어 볼게. 편의점에서 음료를 산다고 생각해 보자. 어떤 음료를 마시고 싶니? 탄산이 터지는 콜라? 아니면 달콤하고 상큼한 맛이 느껴지는 오렌지 주스? 무얼 선택해야 할지 고민이 될 정도로 편의점에는 음료의 종류가 참 많아. 비슷한 종류라도 제품 이름도 다양하고 말이야. 음료의 종류뿐만이 아니야. '1+1 행사'를 하는 상품인지, 할인 상품인지 등도 고려해서 고를 수 있지.

그런데 시각 장애인에게 이런 고민은 너무 사치스러운 걸지도 몰라. 왜냐고? 시각 장애인은 먹고 싶은 음료를 마음껏 고를 수 없기 때문이야. 혹시 음료 캔 뚜껑 옆이나 플라스틱 병 옆면에 도드라진 작은 점들을 본 적 있니? 시각 장애인에게 정보를 주는 점자야. 많은 음료에는 시각 장애인에게 정보를 주는 점자가 표시되어 있어. 하지만 대부분의 점자는 '음료', '탄산' 정도로만 표시가 되어 있고 제품명이나 맛, 성분 등의 정확한 정보가 제공되는 경우는 거의 없어. 그러니까 할인 제품은커녕 자신이 마시고 싶은 음료를 제대로 찾는 것도 쉽지 않아.

왜 점자로 다양한 정보를 제공하지 않냐고? 그건 음료 회사에서 시각 장애인의 입장에서 점자를 만들지 않기 때문이야. 음료 회사들은 그냥 점자를 넣어야 한다는 규정만 맞출 뿐이야.

그러니 '음료'처럼 성의 없는 표시만 한 거지. 시각 장애인의 입장을 조금이라도 신경 썼다면 아마 그렇게 성의 없이 점자를 넣진 않았을 거야.

만약 너희가 편의점에서 원하는 음료를 살 수 없고 무조건 손에 잡히는 것을 골라야 한다면 어떨까? "왜 어린이를 차별하세요?" 하고 화를 내지 않을까? 부모님을 통해 항의할 수도 있고, "우리도 돈을 주고 물건을 구입하는 소비자라고요!"라고 외칠 수도 있지. 그런데도 요구가 받아들여지지 않는다면 너무 억울하고 슬플 거야.

장애인들은 억울하고 슬퍼할 일들을 매일같이 겪고 있어. 차별하는 일에 항의하고 무언가를 요구해도 무시당하는 일만 가득하지. 비장애인은 장애인이 겪는 어려움을 전혀 공감하지 못할 때도 많고 말이야.

지금은 많이 바뀌었지만 불과 몇 년 전만 해도 장애인이 버스나 지하철을 타면 사람들이 뒤에서 수근거리곤 했어. "몸도 불편하면서 왜 밖에 나왔대?" 하면서 말이야. 이런 시선 때문에 장애인들은 더 위축될 수밖에 없었고, 세상에 모습을 드러내고 싶어도 그럴 수 없게 된 거야. 마치 우리 사회에서 투명 인간처럼 존재하는 것 같아.

이제 장애인들이 눈에 잘 띄지 않는 이유를 좀 알겠니? 아직은 제대로 몰라도 괜찮아. 지금부터 알아 가면 될 테니까.

참, 자세한 이야기를 하기 전에 꼭 부탁할 게 있어. 밖에서 어떤 행동을 할 때 '장애인도 이걸 자유롭게 할 수 있을까?'라고 한 번 생각해 보면 좋겠어. 조금만 장애인 입장에서 생각하다 보면 장애인에게 불편한 것이 얼마나 많은지 쉽게 발견할 수 있을 거야. 그리고 그런 것들을 바꾸는 데도 관심을 갖게 된다면 장애인은 투명 인간이 아닌, 함께 살아가는 이웃처럼 느껴지지 않을까?

휠체어가 모든 장애인을 대표하지 않아

혹시 교과서 그림 중에 장애인 학생을 본 적 있니? 잘 모르겠다고? 지금 당장 교과서를 펼쳐서 찾아봐. 국어, 사회, 수학 교과서에서 몇 장만 넘겨도 쉽게 볼 수 있을걸!

오래전 교과서에는 장애인 학생 그림은 등장하지도 않았어. 교과서에 나온 학생 그림은 모두 비장애인에다가 피부도 하얬지. 실제로 우리나라에는 다양한 피부색을 가진 사람들과 장애인이 살고 있는 데도 말이야. 그래서 많은 사람들이 교과서의 그림을 바꿔야 한다고 주장했어. 교과서를 보고 공부하는 학생들이 세상에 다양한 사람들이 있다는 걸 알게 해야 한다고 해서 말이야. 결국 이 주장은 받아들여져서 현재 교과서에는 피부색이 다른 학생이나 장애인 학생도 등장하고 있어.

하지만 그렇다고 해서 교과서 그림의 문제가 다 해결된 것은 아니야. 왜냐고? 교과서 속 장애인들은 하나같이 휠체어를 탄 모습이라는 거야. 교과서 속 비장애인은 성별도 다르고 키나 옷차림도 다르게 그려지는 등 겉모습이 다양해. 하지만 장애인은 언제나 휠체어를 타고 있지.

휠체어를 타는 장애인은 신체 장애를 가진 장애인 중에서도 매우 일부분일 뿐이야. 신체 장애만 하더라도 지체 장애, 뇌변병 장애, 시각 장애 등 매우 다양하거든. 눈으로 보고 판단할 수 있는 장애 말고도 우리 몸의 기관인 심장, 신장, 호흡기 등의 장애를 가진 사람도 있어. 아무리 장애를 상징하는 게 휠체어라 하더라도 휠체어를 탄 장애인의 모습만 교과서 등에 표현된 점이 안타까워. 그걸 보는 학생들은 눈으로 보이는 장애만 장애라고 생각할 수도 있으니까.

그럼 여기서 다양한 장애에 대해서 간단하게 이야기해 볼게. 우리나라 장애인 복지법에 따르면, 장애의 종류는 크게 열다섯 가지로 나눌 수 있다고 해. 어떤 게 있는지 한번 살펴볼까?

지체 장애는 태어날 때부터 혹은 사고나 질병 때문에 신체의 일부분이 없거나 변형되어서 일상적인 행동이 불편하게 된 장애를 말해. 그러니까 이동하거나 손발을 자유롭게 써야 할 신체에 장애가 있어서 일상생활이 어려운 거지.

뇌변병 장애는 뇌의 중추 신경이 여러 가지 이유로 손상당해 걷거나 움직이는 일이 불편한 상태를 말해.

시각 장애는 태어날 때부터 혹은 사고나 질병에 의해 시력이 매우 낮거나 아예 보이지 않아 일상생활이 불편한 상태를 말해.

청각 장애는 귀에서 소리를 전달하는 기관에 이상이 생겨 소리를 정확히 못 듣거나 아예 들리지 않은 상태를 말해.

언어 장애는 태어날 때부터 혹은 사고나 질병 등으로 다른 사람과 언어 소통이 잘 이루어지지 않는 상태를 말해.

안면 장애는 얼굴 부분이 태어날 때부터 혹은 사고나 질병 등으로 변형되어서 사회생활에 어려움을 겪는 상태를 말해.

심장 장애는 태어날 때부터 혹은 사고나 질병 등으로 혈액을 공급하는 심장 기능에 이상이 생겨 일상적인 생활이 어려운 경우를 말해.

신장 장애는 만성 신부전 같은 질병으로 우리 몸의 독소를 걸러 내는 신장에 이상이 생긴 상태를 말해.

호흡기 장애는 기관지와 폐에 이상이 생겨 호흡하는 데 어려움을 겪는 상태를 말해.

간 장애는 태어나면서 혹은 질병으로 인해 간 기능에 이상이 생긴 상태를 말해.

장루·요루 장애는 배설 기관에 이상이 생겨 일상생활에 불편함을 겪는 상태를 말해.

뇌전증 장애는 뇌전증이라는 질병에 의해 몸의 균형을 유지하지 못하거나 발작이 생기는 등 일상생활에 어려움이 있는 상태를 말해.

지적 장애는 선천적, 혹은 후천적으로 중추 신경 계통에 이상이 생겨서 지능 발달이 제대로 이루어지지 않은 상태를 말해.

정신 장애는 정신 건강이나 지적 기능에 문제가 생겨서 일상생활에 불편을 겪는 상태를 말해.

자폐성 장애는 자폐증이나 이와 유사한 증상 때문에 일상생활에 불편을 겪는 상태를 말해.

지금까지 장애에 대한 설명을 정말 간단하게 정리했어. 어떤 장애가 어떤 어려움이 있는지 구체적으로 이야기하기보다는 이처럼 다양한 종류의 장애가 있다는 것 정도만 알았으면 좋겠어.

장애가 다양한 만큼 장애를 가진 사람들의 모습도 매우 다양할 거야. 그런데도 장애인을 오직 휠체어에 탄 모습으로만 표현하는 건 장애에 대한 또 다른 편견 아닐까?

그래서 난 장애인을 무조건 휠체어 탄 사람으로 표현한 교과서는 고쳐져야 한다고 생각해. 내가 많이 등장한다고 해서 좋다는 생각은 별로 들지 않거든. 오히려 다양한 장애인이 생활하는 모습이 자연스럽게 등장하는 교과서가 나오면 좋겠어. 장애인은 보이지 않는 존재가 아니라 우리 사회에서 비장애인과 함께 다양한 모습으로 살아가고 있다는 것을 누구나 쉽게 알 수 있도록 말이야.

장애인은 비장애인의 미래야

 이 말을 듣고 놀라지 마. 너무 놀라서 나를 힘껏 밀어 버려도 안 돼. 자, 그럼 마음의 준비가 됐지?

너희들 중 누구도 장애인이 될 수 있어. 아니 세상의 비장애인은 누구나 장애인이 될 수 있다고 해도 틀린 말이 아니야.

혹시 많이 놀랐니? 표정을 보니 괜찮아 보이는 친구도 있지만 당황한 친구도 보이네? 농담하지 말라고? 정말 사실이냐고? 그래, 이건 농담이 아니라 사실이야.

2023년 장애인 실태 조사에 따르면 전체 장애인 중 88.1%가 태어날 때부터 장애를 갖고 있었던 것이 아니라 사고나 질병에 의해서 나중에 장애인이 되었다고 해. 그 말은 장애인 열 명 중에 아홉 명은 비장애인으로 살아가다가 장애인이 되었다는 말이야.

사람들이 살아가면서 무슨 일을 겪을지는 누구도 알 수 없어. 사고를 당하거나 질병에 걸릴 위험은 어디에든 있지.

그걸 알고 있는 사람들은 많지만, 자신이 갑작스런 사고나 질병으로 장애인이 될 수 있다는 것은 잘 생각하지 못해. 사고를 당할 수도 있지만 '설마 내가 장애인이 되겠어?' 하고 생각하는 거야. 그래서 장애인을 나와는 동떨어진 사람들로 여기는 거지. 하지만 장애가 선천적으로 생기는 게 아니라 대부분 후천적이라는 사실을 기억해야 해. 장애가 결코 우리와 멀리 떨어진 이야기가 아니란 것을 말이야.

만약 '누구나 장애인이 될 수 있다'라고 생각하면 어떨까? 당장 내일 내가 장애인이 된다면? 생활하는 데 불편한 건 없을까? 주변에 있는 시설이나 제도가 내가 마음 편히 살아갈 수 있도록 도와주고 있을까? 어떤 물건도 장애가 없을 때처럼 불편 없이 사용할 수 있을까?

이렇게 생각하고 세상을 바라보면 비장애인으로서 아무렇지

앉았던 버스나 지하철, 도서관과 학교가 매우 불편한 공간이라는 걸 깨닫게 될 거야. 그리고 '누구나 장애인이 될 수 있다!'라고 깨닫는 순간, 우리는 스스로 장애인에 대해 너무 무관심했다는 것을 알 수 있어.

노인성 치매라고도 불리는 알츠하이머병에 대해 들어 본 적 있니? 아마 너희 중에 "우리 할머니도 치매에 걸리셨어요!"라고 말하는 친구도 있을 거야. 하지만 그 친구도 "우리 할머니는 장애인이에요"라고 말하진 않아. 우리나라에선 치매 환자를 장애인이라고 생각하지 않기 때문이지. 하지만 외국에서는 치매 환자도 장애인으로 인정하는 경우가 많아. 왜 그럴까? 그것은 장애에 대한 생각이 우리나라와 다르기 때문이야.

많은 나라에서는 신체적, 정신적인 특성 때문에 제대로 된 사회생활을 하지 못하는 상태라면 모두 장애인이라고 규정해. 그래서 치매 환자까지 장애인으로 인정하고 있지. 우리나라에서도 장애인에 대한 규정을 너무 좁게 생각하는 건 문제라고 말하는 사람들이 점점 늘어나고 있어. 그래서 치매 등을 장애로 보아야 한다는 요구가 있지.

앞에서 우리나라 장애인이 100명 중에 5명 이상 된다고 한 말 기억하니? 전국의 초등학생 숫자보다 많다는 말도 말이야. 전체 인구에서 장애인이 차지하는 비율을 장애인 출현율이라고 하는데 우리나라 장애인 출현율은 5% 정도야. 그럼 다른 나라는 어떨까?

세계에서 장애인 출현율이 가장 높은 나라는 핀란드야. 무려 35%나 돼. 그리고 경제 협력 개발 기구(OECD) 국가의 평균 장애인 출현율은 24.3%(2021년 기준)지. 이 정보를 보면 우리나라의 장애인 수가 다른 나라보다 매우 적다는 걸 알 수 있어. 우리나라는 사람들이 사고나 질병에 잘 걸리지 않는 좋은 나라라서 그런 걸까? 그건 아니야. 이런 차이가 발생하는 이유는 우리나라가 장애를 인정하는 기준이 다른 나라와 비교해서 매우 까다롭기 때문이야.

스웨덴에서는 자국어를 못해 일상생활이 어려운 이민자들도 장애인으로 인정하고 지원해. 만약 신체적, 정신적 문제만 따져서 장애인인지 아닌지를 판단했다면 이런 지원은 없었을 거야. 사회에서 사람다운 생활을 누릴 수 없는 상태에 처한 사람들까지 장애인으로 인정하기 때문에 가능한 일이지.

치매 환자를 장애인으로 인정해야 한다는 요구처럼 우리나라에서도 장애인에 대한 범위가 더 확대되어야 한다는 사람들이 많아지고 있어. 그리고 실제로 장애에 대한 기준을 점점 넓혀 가고 있지. 이런 변화가 생기는 이유는 장애를 단순히 신체적, 정신적인 문제를 기준으로 삼지 않고 '제대로 된 사회생활을 할 수 있느냐, 아니냐'를 기준으로 삼는 방향으로 생각이 바뀌고 있기 때문이야. 이렇게 사람들의 생각이 계속 바뀐다면 장

애를 대하는 태도도 달라지지 않을까?

  사람은 누구나 나이를 먹지. 나이가 들면 몸이 불편하거나 너무 빨리 바뀌는 세상에 잘 적응하지 못해 일상생활에 어려움을 겪어. 만약 이러한 것도 장애라고 생각한다면 더 이상 장애를 특별하거나 잘못된 상태라고만 볼 수는 없을 거야. 누구나 나이를 먹으면 장애를 갖는 게 자연스럽다고 생각하게 되니까. 결국 "언젠가 우리는 모두 장애인이 될 것이다"라고 말하는 것도 놀랄 만한 말이 아닌 거지.

장애는 특별난 것이 아니라 누구나 미래에 겪을 수 있는 일이라고 생각한다면 장애인에 대한 사람들의 거리감이나 무관심도 좀 달라지지 않을까? 그리고 장애인이 처한 문제와 차별에 대해서도 관심을 가질 수 있지 않을까? 소수의 사람만이 아니라 우리 모두가 겪는 일이니까 말이야. 너희는 어떻게 생각해?

계단을 오르내릴 수 있는 휠체어

 과학 기술이 발전하면서 휠체어도 많은 발전을 하고 있어. 혹시 주변에서 전동 휠체어를 타고 다니는 사람들을 본 적 있니? 전동 휠체어는 기존 수동 휠체어와 달리 전기로 작동하여 쉽게 이동할 수 있지. 그래서 장애인뿐만 아니라 거동이 불편한 노인도 많이 이용하고 있어.

 하지만 전동 휠체어도 계단을 오르는 것은 할 수 없어. 또 장애인들이 휠체어에서 비장애인과 대화를 하려면 비장애인을 올려다보며 이야기할 수 밖에 없지. 이러한 문제를 해결하기 위해 만든 미래형 휠체어가 있어. 바로 미국의 딘 카멘이 만든 아이봇이야. 이 전동 휠체어는 계단을 오르내릴 수도 있으며 자갈밭이나 모래, 잔디 등 다양한 지형에서도 쉽게 움직일 수 있어. 또 사용자가 앉은 자리를 높일 수 있어 휠체어를 탄 상태에서도 상대방과 눈높이를 맞추어 대화할 수 있지.

스위스 취리히연방공과대학교와 취리히예술대학교의 학생들이 공동으로 개발한 스카레보 체어도 있어. 이 휠체어는 평지와 계단을 모두 쉽게 이동할 수 있도록 고무로 된 무한궤도 바퀴를 활용하지. 또 후방 카메라로 뒤가 안전한지도 확인할 수 있어.

아직 이 두 휠체어는 상용화되진 않았지만 머지않아 많은 사람이 이용할 수 있을 거야. 이렇게 장애인을 위한 보조 기구에 관심을 갖는 사람이 늘어나면 장애인도 비장애인처럼 쉽게 이동할 수 있는 세상이 더 빨리 찾아오지 않을까?

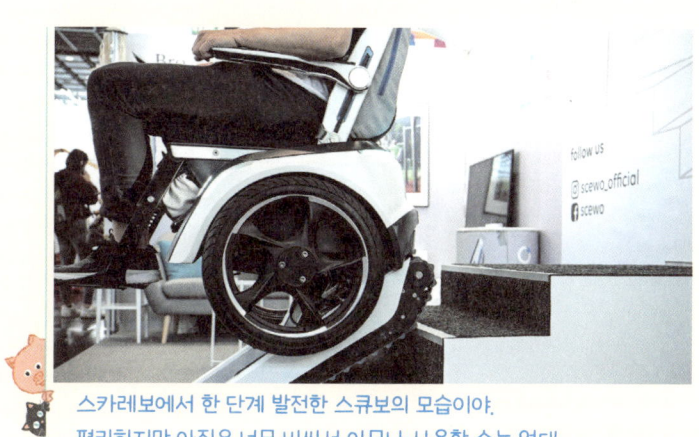

스카레보에서 한 단계 발전한 스큐보의 모습이야.
편리하지만 아직은 너무 비싸서 아무나 사용할 수는 없대.

2 그렇게 쳐다보면 안 돼!

장애를 극복한 장애인은 없어

"장애를 극복한 인간 승리의 한 장면입니다!"

신문이나 방송 등에서 이런 말을 들어 본 적 있니? 보통 어떤 영역이나 일에서 특별한 업적을 이룬 장애인을 칭송할 때 쓰는 말이야. 텔레비전에서는 이런 말과 함께 청각 장애가 있는 육상 선수가 올림픽에서 메달을 따고 환하게 웃는 모습이나 손발을 움직이지 못하지만 입으로 붓을 물고 훌륭한 그림을 그리는 화가의 모습을 보여 주지. 이런 걸 보면 어떤 생각이 들어?

"장애를 이겨 낸 대단한 사람들 같아요."

이렇게 말한다면 많은 장애인들이 실망할 거야. 왜냐고? '장애를 극복한'이란 말이 마음에 턱 걸리기 때문이지.

최근 국가인권위원회에서는 '장애 극복'이란 표현이 장애인에 대한 편견을 조장할 수 있는 차별적 표현이라고 의견을 냈어. 국가인권위원회는 왜 그랬을까?

대부분 장애인은 장애를 평생 안고 살아가. 개인이 노력한다고 해서 장애가 사라지는 것이 아니지. 그런데 우리가 큰 업적을 이룬 장애인을 '장애를 극복했다'라고 말하는 순간, 장애인

이 노력만 하면 얼마든지 장애는 사라질 수 있다고 느끼게 돼. 이런 말이 개인의 노력으로 장애를 완전히 해결할 수 있다고 생각하게 만드는 거야.

그럼 아무런 업적도 이루지 못한 장애인은 자신의 장애를 극복할 노력도 하지 않고 살아가는 사람일까? 너희가 경시 대회, 미술 대회, 육상 대회 등에서 큰 상을 타지 못했다고 해서 노력하지 않은 것은 아니잖아? 마찬가지로 대부분의 장애인도 큰 업적을 이루지 않아도 열심히 살아가고 있어. 즉 모든 장애인은 장애를 안고 살아가면서 그 속에서 여러 가지 업적을 이루는 것이지, 장애를 극복하면서 업적을 이루는 것은 아니라는 거야.

훌륭한 업적을 이룬 것에 대한 노력은 칭송받아 마땅하지만, 그것으로 장애인이 처한 문제가 해결되는 것은 아니야. 유명한 장애인이라고 해서 비장애인과 동등한 입장에서 살아가는 것은 아니니까 말이야.

세계적으로 유명한 위인 중 한 명인 헬렌 켈러도 마찬가지였어. 사람들은 어렸을 때 듣지도 말하지도 못하고 앞도 볼 수 없었던 헬렌 켈러가 대학을 졸업하고 책을 쓰자 장애를 극복한 사람이라고 칭송했어. 그렇다고 해서 헬렌 켈러의 장애가 사라졌을까? 장애인이라서 받았던 차별과 편견은 사라졌을까? 그 무엇도 사라지지 않았어.

오히려 헬렌 켈러가 미국에서 어렵게 살아가는 노동자의 삶을 이야기하고 전쟁을 반대하는 의견을 낼 때마다 사람들은 헬렌 켈러가 장애인이어서 누군가에게 이용당하고 있다고 말했어. 사람들은 헬렌 켈러를 보며 '장애를 극복'했다고 말하면서도 여전히 '장애인이 무슨 생각이 있어!'라는 편견을 가지고 있었던 거야.

장애를 극복하는 것은 장애인들이 위대한 업적을 세우냐 마냐에 달린 게 아니야. 그보다는 장애를 안고 살아가더라도 비장애인과 동등하게 사회생활을 할 수 있는 환경이 중요하지. 장애인도 비장애인처럼 일상에서 불편함을 느끼지 않고 살아갈 수 있다면 그게 진정 장애를 극복한 사회 아닐까?

그래서 국가인권위원회에서는 "오늘날 장애인들이 어려움을 겪는 원인은 사회적·제도적 장벽 때문인데, '장애를 극복했다'라는 표현은 사회의 책임을 장애인 개인의 책임으로 돌리게 할 수 있고, 자칫 장애인에게 사회적 참여의 기회를 제공하여야 할 사회의 책임을 돌아보지 못하는 결과로 이어질 수도 있다는 점에

서 바람직하지 않다"라고 의견을 낸 거야.

얼마 전 우리나라뿐만 아니라 아시아 전역에서 인기를 끈 드라마가 있었어. 주인공은 자폐성 장애를 가진 변호사였지. 사람들은 드라마에서 장애인이 겪는 여러 가지 어려움을 잘 그려 냈다며 좋은 평을 했어. 하지만 많은 장애인이 뛰어난 기억력을 가지고 변호사가 되어 활약하는 주인공의 모습을 마냥 응원할 수만은 없었다고 해. 왜 그랬을까? 영상에서 나온 주인공은 자폐성 장애인 중에서도 탁월한 능력을 가진 아주 소수의 사람이었기 때문이야. 만약 주인공이 평범한 자폐성 장애인이었다면 사람들은 이 드라마를 즐겨 보았을까? 뛰어난 장애인이 아니라 평범한 장애인이 주인공이 되어 평범한 삶을 살아가도 사람들은 흥미를 갖고 지켜보며 응원했을까?

그래서 나는 남과 다른 뛰어난 능력이 있거나 큰 업적을 세운 장애인에게 관심을 갖는 것보다 장애인과 비장애인이 동등하게 살아가려면 우리의 시선과 제도는 어떻게 바뀌어야 할까에 더 관심을 가졌으면 좋겠어. 그런 관심이 늘어난다면 장애를 안고 살아가더라도 행복한 장애인이 주인공인 드라마를 보며 함께 즐거워하고 감동하는 날이 오지 않을까?

장애인은 불쌍한 사람이 아니야

　우리 주변에서 장애인을 위한 편의 시설을 생각해 볼까? 우선 바로 나, 휠체어가 그려진 마크를 가장 손쉽게 찾아볼 수 있어. 마트에 있는 장애인 전용 주차 공간이나 버스, 지하철의 장애인 전용 공간에서 휠체어 그림을 발견할 수 있지. 휠체어 마크가 없지만 장애인에게 도움이 되는 시설도 있어. 횡단보도 앞에는 시각 장애인을 위한 점자 블록이 있고, 도서관에도 시력이 떨어진 사람들을 위한 돋보기 등 독서 보조 기기가 있지. 또 많은 건물 입구에는 휠체어 경사로가 있고 말이야.
　이렇게 주변에 장애인을 위한 편의 시설이 있는 이유는 무엇

일까?

"장애인은 불쌍하니까 도와줘야 해서요."

혹시 이렇게 대답하는 친구는 없니? 사실 이런 대답은 장애인을 슬프고 화나게 만들어. 왜 그런지 생각해 볼까?

너희가 키가 작고 몸이 뚱뚱하다고 생각해 보자. 사람들이

"와, 너는 키 작고 뚱뚱하니 정말 불쌍하다. 우리가 많이 도와줄게"라고 말한다면 어떨까? 놀리는 게 아니라 정말 착한 의도로 말한 거라 해도 당연히 화가 날 거야. "뚱뚱한 게 어때서!", "키가 작다고 불쌍한 건 아니야!"라고 소리치겠지?

사실 사람들은 키가 작거나 크다고 해서, 뚱뚱하거나 날씬하다고 해서, 혹은 해산물 알레르기가 있다고 해서 불쌍하다고 생각하지 않아. 그런데 장애인들에게는 '불쌍하다'는 표현을 아무렇지 않게 사용해. 뭔가 이상하지 않니?

장애를 가지고 있다고 해서 모두 불행한 것은 아니야. 세상의 모든 장애인이 불행한 삶을 살고 있을까? 전혀 그렇지 않아. 어쩌면 비장애인이지만 매일 시험 걱정을 하고 나는 왜 이렇게 머리가 나쁠까 고민하는 친구들이 더 불행할 수 있지.

보통 비장애인은 스스로 불행하다고 느껴도 주변의 친구들까지 불쌍하게 보진 않아. 그런데 장애인을 대하는 사람들의 시선은 달라. 많은 사람들이 장애가 있다는 사실 하나만으로도 장애인을 불쌍하게 바라보고 있어.

'불쌍한 사람'이란 말에는 '나보다 못한 존재'라는 뜻도 숨어 있어. 그래서 불쌍하다는 말 속에 은근히 무시하거나 얕잡아 보

려는 태도가 엿보이지.

 그런 생각으로 말한 게 아니라고? 그럼 이건 어떨까? 너희가 놀이터에서 넘어져서 무릎에서 피가 나는 상황이라고 생각해 보자. 옆으로 지나가던 한참 어린 아이가 "와, 넘어졌어. 너무 불쌍해. 도와줄까?"라고 말한다면 어때? 분명 기분이 좋지 않을 거야. 한참 어린 친구가 조금 다쳤다는 이유로 나를 '불쌍한 사람' 취급한다고 생각할 테니까. "무릎을 다친 게 불쌍한 건 아니야!"라고 화를 내며 소리치기도 할 거야.

그런데 혹시 이런 말을 한 적은 없니? 지팡이에 의지한 채 길을 걷는 시각 장애인을 보며 "저 아저씨 너무 불쌍해 보여"라고 말이야. 그렇다면 너희가 어린 아이의 말에 화났던 것처럼 시각 장애인도 화가 나지 않았을까?

실제로 많은 사람들이 처음 만난 장애인에게 반말을 한다고 해. 심지어 나이를 확인하지도 않고 겉으로 자신보다 훨씬 나이 들어 보이는 장애인에게도 말이지. 그런데 이상하게 처음 보는 비장애인들에겐 반말을 하지 않아. 왜 그럴까?

상대방이 아무리 나이가 어려도 처음 만났을 때는 존댓말을 하는 게 당연해. 그런데 왜 장애인들에게는 아무렇지 않게 반말을 할까? 사람들의 머릿속에 '장애인은 불쌍해. 나보다 못한 사람이야'라는 편견이 들어 있기 때문이야. 그러니 처음 보자마자 함부로 대하게 되는 거지.

장애인은 불쌍한 사람이 아니라 단지 장애를 가지고 있는 사람일 뿐이야. '불쌍한 사람'이 아니라 '다른 사람'인 거지. 그러니 장애인을 더 이상 불쌍하게 여기지 않았으면 좋겠어.

그럼 장애인은 불쌍하지도 않은데 왜 장애인 편의 시설은 필요할까?

이런 시설은 장애인이 인간다운 삶을 누릴 수 있는 권리를 보장하기 위한 거야. 돈이 있든 없든 나이가 많든 적든 장애가 있든 없든 사람이라면 누구나 존중받고 인간답게 살아갈 수 있어야 하잖아? 이렇게 사람이 인간답게 살기 위해 필요한 기본적인 권리를 인권이라고 하는데 인권은 누구나 예외 없이 누릴 수 있어야 해. 그런데 이런 권리를 비장애인은 누리는데 장애인은 누릴 수 없다는 건 말도 안 되는 일이겠지?

비장애인들이 안전하고 쉽게 이동하는 걸 당연하게 생각하는 것처럼 장애인도 누구나 안전하고 쉽게 이동할 수 있어야 해. 만약 장애를 가졌다는 이유로 주차할 공간을 찾는 데 어려움이 있고 비장애인처럼 편하게 주차할 수 없다면 인간다운 삶을 누린다고 할 수 없을 거야. 그래서 장애인들이 비장애인처럼 쉽게 이동하고 주차할 수 있는 구역을 만들고 법으로 정해 놓았어.

초등학교에서 중학교까지 누구나 학교에 가서 필요한 교육을 받는 것이 당연한 것처럼 장애 학생도 필요한 교육을 받을 수 있어야 해. 그래서 모두 똑같이 교육받을 수 있는 환경을 학교에서 마련해 줘야 하지.

그러니까 장애인을 위한 편의 시설이 있는 건 장애인도 비장애인과 똑같은 권리를 누릴 수 있도록 우리 사회에서 지원해 주는 거라고 볼 수 있어. 특히 국가에서 장애인을 위한 시설과 제도를 개선해 나가야 하는 것은 장애인이 불쌍해서가 아니라 모든 국민의 인권을 보장해야 할 국가의 의무인 거지.

나는 나쁜 장애인이 되고 싶어!

드라마나 영화 속에서 장애인들은 어떤 모습으로 등장할까? 일단 장애인이 주인공인 드라마나 영화는 거의 없지만 주인공으로 등장한다 하더라도 그 모습은 거의 뻔해. 매우 불쌍하거나 매우 착하고 순한 사람으로 그려지지. 장애를 가진 악당이 지구를 정복하는 영화는? 정말 손가락에 꼽을 정도야.

"장애인들이 모두 착하게 나온다면 좋은 거 아닌가요?"

아마 이렇게 말하는 친구들도 있을 거야. 하지만 잘 생각해 봐. 비장애인 중에 악당이나 이기적인 사람이 있는 것처럼 장애인 중에도 악당이나 이기적인 사람이 있는 건 당연하지 않겠

어? 왜냐고? 장애가 사람이 좋고 나쁘고를 판단하는 기준이 되는 건 아니기 때문이야. 그런데 왜 드라마나 영화에서 등장하는 장애인은 대부분 선한 모습이거나 매우 나약한 모습으로만 그려질까?

어쩌면 이것은 '장애인은 불쌍한 사람'이라는 생각이 은연중에 우리에게 스며들어 있기 때문일지도 몰라. 그래서 장애인은 불쌍하니까 비장애인이 도와주어야 세상에서 살아갈 수 있다고 믿게 만들지. 그리고 장애인들에겐 언제나 착하게 살아야 사람들이 도와줄 테니 고분고분 시키는 대로 살아가야 한다고 말하기도 해. 그런데 잘못된 일에 대해서도 아무 말 못하는 장애인의 모습이 정말 좋은 걸까?

지금까지 사람들은 장애인이 자신의 권리를 주장하고 목소리를 높이는 것에 불편함을 느꼈어. 불쌍해서 배려해 줬는데 권리를 주장하고 목소리를 높이고 거리에 나오는 것이 보기 싫다는 거지. 고분고분 말을 잘 듣는 착한 장애인이 아니라 자신의 정당한 권리를 주장하고 국가와 제도에 대해 비판하는 자세를 취하는 '나쁜 장애인'은 인정하고 싶지 않았던 거야.

그래서 장애인 인권 운동가들은 "나는 나쁜 장애인이 되고 싶다!"라고 외쳐. 그 말은 영화 속의 악당처럼 지구를 정복하겠다는 말이 아니야. 이건 장애인이기 때문에 권리를 양보하고 동등한 인간으로 존중받지 못해 무시당하는 세상을 그냥 그대로 두고 보지 않겠다는 선언이지. 더 이상 차별받는 세상에 고개 숙이고 고분고분하게 살아가는 착한 장애인이 되지 않겠다고 외치는 거야.

뉴스 등에서 장애인들이 시위하는 모습을 본 경우가 있을 거야. 이제 한 번쯤은 나쁜 악당으로만 생각하지 말고 그들이 주장하는 것이 무엇인지 곰곰이 생각해 봤으면 좋겠어.

정말 말도 안 되는 주장을 하는 건지, 아니면 장애인이라는 이유로 기본적인 권리조차 누리지 못하는 것에 대한 분노의 외침은 아닌지 말이야. 그리고 장애인과 비장애인이 모두 평등하게 살아가기 위해 우리 사회의 제도는 어떻게 바뀌어야 할지도 생각할 수 있으면 좋겠어.

도움보다 존중이 먼저야

　장애인의 날에 학교에서 장애 체험을 해 본 적 있니? 나, 휠체어를 타고 운동장을 돌거나 농구를 하거나 눈을 가린 채 계단을 더듬더듬 오르면서 힘들었던 적이 있을 거야. 그렇게 장애 체험 활동을 마친 뒤 소감을 적으라면 으레 이렇게 쓰는 친구들이 많아.

　"나중에 장애인을 만나면 잘 도와주겠습니다."

　그런데 실제로 장애인을 만나면 어떨까? 만약 학교에서 장애인 친구를 만난다면 소감에 적은 대로 친구를 도와줄 수 있니? 아마 대부분은 어떻게 해야 할지 몰라 망설일 거야. 이 친구를 도와줘야 하나, 아니면 그냥 지켜보는 게 맞나? 하고 말이야. 이렇게 망설이는 이유는 무엇 때문일까?

"어떻게 도와줘야 할지 모르겠어요. 내가 도와주다가 다치기라도 하면 어떡해요?"

"그 친구가 제 도움을 부담스러워하면 어떡해요?"

이런저런 이유로 주저하는 경우가 많아. 그런데 어떤 친구들은 "그냥 도와주면 되지 뭘 망설여!" 하며 아예 장애인 친구의 생각은 들어 보지도 않고 무조건 휠체어를 들거나 부축해 주는 친구도 있어. 이렇게 망설이지 말고 행동하는 게 옳을까? 그런 고민이 든다면 한번 생각해 보자. 혹시 마음속에 장애인 친구를 무조건 도와주어야 하는 존재로만 생각하고 있는 건 아닌지 말이야.

그래도 장애인 친구는 도와주는 게 맞지 않냐고? 평소 도움이 필요한 친구를 만나면 어떻게 하니? 당연히 "내가 도와줄까?"라고 묻겠지? 만약 친구가 "응, 이것 좀 들어 줘"라고 말한다면 그 부탁을 들어줄 거야. 그런데 친구가 "괜찮아, 내가 할 수 있어"라고 말한다면 "알았어!" 하고 말할 게 분명해. 이 대화 속에서 미안함 같은 건 느껴지지 않아. 그런데 장애가 있는 친구를 도울 땐 주저함이나 미안함을 느끼는 걸까? 어쩌면 그런 감정이 생기는 것은 장애인에 대한 또 다른 편견 때문일지도 몰라.

친구를 사귀는 과정을 한번 살펴보자. 친구 사이에는 서로 도움을 주고받기도 하고 좋아하는 것을 나누기도 하지. 때론 싸우고 화해하며 다른 점을 인정하며 우정을 키워 나가잖아. 그런 게 정말 친구 사이지. 그런데 장애인 친구와는 좀 다른 모습이야. 왜 그래 보일까? 아마도 가장 큰 이유는 장애인 친구를 도와줘야만 하는 상대로 생각하기 때문이 아닐까 싶어.

장애인 친구라고 해서 무조건 도움을 받아야만 하는 건 아니야. 스스로 할 수 있는 것도 많고 비장애인보다 잘하는 것도 많지. 그런데 몸이 조금 불편하다는 이유로 도움이 필요할 것만 같다고 생각하는 건 편견이야. 편견을 갖고 대하면 오히려 장애인 친구는 존중받지 못한다고 생각할 수도 있어. 그냥 편한 친구처럼 서로 도움을 주고받고 다투다가 화해도 하면서 지내면 되는 거야.

그래서 반에 장애인 친구가 있다면, 장애보다는 친구로서의 관계를 먼저 생각하면 좋겠어. 친구로서 존중한다면 장애는 너

희가 우정을 쌓는 데 아무런 문제도 되지 않을 거야. 그리고 그 친구가 도움이 필요해 보이면 무조건 나서기보다는 먼저 "도와줄까?"라고 물어보면 좋겠어. 그래서 "응, 도와줘"라고 대답하면 친구의 부탁이니 기쁘게 도와주면 되는 거야. 네가 도움이 필요할 때는 그 친구에게 도움을 요청해 봐. 친구가 할 수 있는 일이라면 기쁘게 도와줄 테니까 말이야.

하지만 아무리 친구 사이라 해도 함부로 하지 말아야 할 게 있어. 장애인에게 휠체어, 지팡이 같은 보조 기구는 장애인들의 몸과 같아. 휠체어를 타는 장애인에게 휠체어는 두 다리와 같고, 지팡이를 사용하는 시각 장애인에게 지팡이는 눈과 같은 거지. 그런데 만약 장난으로라도 허락 없이 보조 기구를 만진다면 어떨까? 그것은 마치 허락 없이 친구의 몸을 만지는 것과 같아. 누가 함부로 내 몸을 만지면 어떤 기분이 들겠니? 친구라고 하더라도 마음이 편하진 않을 거야.

장난은 물론이고 도움을 주고 싶은 마음이 있어도 허락받지 않고 장애 보조 기구를 만지는 것은 매우 잘못된 일이야. 간혹 학교에서 장애인 학생의 보조 기구를 가지고 장난을 치는 친구들이 있어. 그런 친구들은 입장을 바꿔서 생각해 봐야 해. '내

몸의 일부를 가져다가 장난감처럼 사용하면 어떨까?' 하고 말이야. 당연히 싫겠지? 그러니까 너희가 자신의 몸을 소중하게 여기는 것처럼 장애인의 보조 기구도 소중하게 대하면 좋겠어. 아무리 편한 친구 사이라도 서로를 존중하는 마음은 꼭 필요하거든.

　시각 장애인이 스마트폰을 사용하는 걸 생각해 본 적 있니? 보통 화면을 손으로 터치해야 하는 스마트폰을 사용하는 게 쉽지 않을 거라고 생각할 거야. 하지만 대부분의 스마트폰에는 시각 장애인을 위한 편의성이 갖춰져 있어. 스마트폰 화면을 터치하면 터치한 아이콘이 어떤 아이콘인지 소리로 알려 주고 화면이 전환되거나 텍스트를 음성으로 바꾸어 주는 기능이 있어.

　또 '리보(rivo)'라는 시각 장애인을 위해 개발된 스마트폰 주변 기기도 있어. 리보는 스마트폰과 블루투스로 연결되는 키패드 형태의 기기인데, 키패드만 이용하고도 스마트폰의 주요 기능을 사용할 수 있어. 그래서 전화 걸기나 받기, 문자 메시지의 전송, 다른 앱을 이용하는 것도 쉽게 할 수 있지.

만약 스마트폰을 만드는 회사에서 시각 장애인은 스마트폰을 사용할 수 없을 것이라는 편견을 가지고 있었다면 시각 장애인들은 정보화 사회에서 뒤처지는 삶을 받아들여야 했을지도 몰라. 물론 지금의 기기들이 완벽한 것은 아니지만, 정보화 사회를 살아가는 장애인들에게 비장애인과 똑같은 권리를 보장한다는 측면에서 매우 중요한 시도라고 할 수 있어.

장애인에 대한 편견을 버리고 장애인이나 비장애인 누구나 쉽게 사용할 수 있는 스마트 기기를 만들겠다는 생각을 가진 사람들이 늘어난다면 모두가 동등하게 살아갈 수 있는 환경이 마련될 거야.

리보의 모습이야. 시각 장애인이 스마트폰을 직접 사용하는 것보다 훨씬 편리하대.

그들은 왜 지하철을 멈추게 했을까?

지하철에서 시위를 하는 장애인 단체에 관한 뉴스를 본 적 있니?

"장애인 시위로 막힌 출근길, 시민들 불편!"

이런 뉴스 말이야. 이걸 보면 어떤 생각이 먼저 드니?

"왜 출근 시간에 시위를 해서 사람들을 불편하게 만드는지 모르겠어요."

이렇게 생각하는 친구가 많을 거야. 그런데 한 번쯤 장애인들이 왜 지하철에서 시위를 하게 됐는지 생각해 본 적이 있니? 왜 장애인들은 사람들을 불편하게 만들면서까지 자신들의 주장을 알리려고 하는 걸까?

이 이야기를 하기 전에 우리는 '이동권'에 대해 먼저 생각해 봐야 해. 이동권이란 무엇일까? 바로 내가 원하는 곳을 자유롭게 오고 갈 수 있는 권리를 말해. 너희 중에는 "우리나라 사람 중에서 자유롭게 이동하지 못하는 사람들도 있어요?"라고 되묻는 친구도 있을 거야. 맞아, 대부분의 사람은 자신이 원하는 곳을 쉽게 갈 수 있어. 교통비만 있다면 멀리 바닷가로 훌쩍 떠나 일출을 구경하고, 오래된 유적지 등을 보며 감탄할 수도 있지. 매일 아침 학교나 직장에 가는 것도 가능하고 말이야. 하지만 이렇게 쉬운 일이 누군가에게는 매우 힘들고 어려운 일이라면 어떻게 하겠니?

버스를 기다리는데 다른 사람은 쉽게 타지만 너희가 탈 자리는 없다면 어떨까? 버스가 20분, 30분이 지나도 오지 않으면 어떨까? 겨우 버스가 한 대 왔는데 운전기사가 승차를 거부한다면 어떨까? 별 수 없이 지하철을 타러 왔는데 지하철역 안으로 들어가기도 어렵고 지하철을 타기까지 다른 사람들보다 세 배에서 아홉 배의 시간이 걸린다면 어떨까? 그런 상황에서도 자유롭게 어디든 간다고 말할 수 있을까?

　방금 말한 여러 가지 상황은 대부분의 장애인들이 겪고 있는 문제야. 장애인은 거리를 나온다 해도 대중교통을 이용하려면 큰 불편을 겪어야만 해. 왜 그럴까?
　우리나라 버스 중 휠체어를 태울 수 있는 저상 버스는 얼마나 있을까? 전체 버스 4만 대 중 25%인 1만 대 정도라고 해. 그

러니까 정류장에서 버스를 기다릴 때 네 대 중 한 대만 탈 수 있다는 거야.

실제로 2023년에 용인시 장애인 단체에서 저상 버스를 타기 위해 얼마나 기다려야 하는지 시간을 쟀는데, 휠체어 탄 장애인이 정류장에서 버스를 기다린 시간은 무려 한 시간 반이었어.

만약 두 명의 장애인이 한 정류장에서 버스를 기다린다면 어떨까? 불행하게도 우리나라 저상 버스는 휠체어를 단 한 대만 실을 수 있거든. 그럼 둘 중 한 명은 무려 세 시간을 기다려야 원하는 버스를 탈 수 있다는 거지.

더 큰 문제는 저상 버스가 와도 승차 거부를 당하는 일도 많다는 점이야. 저상 버스 운전기사 중에는 휠체어를 태우는 경사판 작동법을 모르는 사람도 있고, 시간을 써서 장애인을 태우는 일을 귀찮아 하는 사람도 있거든. 현실이 이렇다 보니 휠체어 탄 장애인들은 약속 장소를 가기 위해서는 세 시간 전에 집을 나서야 한다고 해. 만약 너희가 이런 상황이라면 얼마나 답답하겠어?

그럼 지하철은 상황이 좀 나을까? 한 장애인 단체가 조사한 바로는 서울 지하철을 환승해서 이용할 때 걸리는 시간이 비장애인과 장애인 간에 최소 3.3배에서 최대 9배 이상 차이가 난다고 해. 서울 지하철역의 휠체어용 승강기 설치 비율이 94%인데도 말이야.

또 휠체어용 승강기가 많이 설치되었다고 해서 다 좋은 것은 아니야. 휠체어 승강기 대부분은 지하철 역무원이 직접 작동시

켜야 하는 경우가 많아 휠체어 탄 장애인은 역무원이 올 때까지 10분 이상 기다린다고도 해.

더 큰 문제는 승강기가 안전하지도 않다는 거야. 승강기의 안전 점검도 제대로 이루어지지 않아 고장도 잦고, 고장으로 갑자기 멈춰 서면 승강기 위의 휠체어가 떨어져 버리기도 해. 실제로 휠체어용 승강기를 타다가 추락해 사망하는 경우도 있어.

만약 너희가 이런 상황이라면 마음 편히 대중교통을 이용할 수 있을까? 대중교통을 이용할 때 비장애인은 편하고 자유로운데 장애인들은 불편한데다 오랜 시간이 걸리고 어떨 땐 목숨까지 걸어야 한다면, 정말 불공평한 일 아닐까?

왜 불공평한 이런 문제가 아직도 해결되지 않는 걸까? 그건 대부분의 사람들이 장애인의 이동권에 대해서 별로 관심이 없기 때문이야.

예전에는 저상 버스도 없었고, 지하철역에 휠체어 승강기도 없었어. 그래서 대중교통을 이용할 수 없는 많은 장애인들이 집 밖을 벗어나지 않았지. 요즘은 그나마 휠체어가 탈 수 있는 교통수단이 생겼지만 저절로 생겨난 것은 아니야. 오랜 시간 동안 장애인들이 시위를 하며 이동할 권리를 주장했기 때문에 비로

소 생겨난 거지.

만약 장애인들이 시위를 하면서 목소리를 내지 않았다면 지금보다 더 많은 사람이 장애인 이동권에 대해서 무관심하고 알아차리지 못했을 거야. 장애인 단체가 버스나 지하철을 가로막고 시위를 하는 게 모두 올바른 방법이라고 말하는 건 아니야. 하지만 언제나 자신의 당연한 권리를 보장받지 못하고 투명 인간으로 취급받던 장애인들에게 조용하고 점잖게 시위하라는 건 너무 무리한 요구가 아닐까?

장애인들이 휠체어와 몸을 이용해 지하철과 버스 이동을 막는 걸 보면 비장애인이 불편한 것뿐만 아니라 시위하는 장애인들도 위험해 보여. 누구 하나 다치지 않고 장애인도 비장애인과 마찬가지로 자유롭게 어디든 갈 수 있으려면 우리 모두의 관심이 필요해. 버스나 지하철을 탈 때마다 한 번 더 공평한 세상을 꿈꾸면 좋겠어.

과연 교실은 모두에게 공정할까?

공부가 재밌니? 따분하고 지겹고 하고 싶지 않지만 부모님 때문에 억지로 한다고? 하긴 나도 놀지도 못하고 학원만 다니고 공부에 시달리면 그런 생각이 들 거 같아.

그런데 만약 학교를 꼭 가고 싶어도 갈 수가 없다면 어떨까? 학교에 가는 시간이 너무 오래 걸리고 주변에 갈 수 있는 학교가 없다면 말이야. 간신히 학교에 갔어도 다른 친구들이 공부하는 환경과 달리 나에게는 선생님도 교과서도 없다면 어떨까? 그럴 때도 공부를 안 해서 너무 신날 거 같다고 할 수 있을까? 그렇지는 않을 거야. 공부가 싫든 좋든 기회마저 빼앗긴다면 너무 억울하고 화가 날 거야. 그럴 땐 이렇게 외치지 않을까?

"이건 차별이에요!"

맞아, 차별이지. 그런데 우리나라에서 장애인 학생들은 여전히 차별을 받고 있어.

2017년 서울의 한 지역에서 장애 학생의 부모가 다른 부모들 앞에서 무릎을 꿇고 사정하는 일이 있었어. 무슨 일이었냐고? 그 지역 사람들이 장애 학생을 위한 특수 학교 설립을 반대하

고 있었기 때문이야. 장애 학생의 부모는 제발 우리 아이가 편하게 다닐 수 있는 학교를 세울 수 있도록 허락해 달라고 사정했어. 하지만 그 모습을 보고도 사람들은 장애 학생 부모의 요구를 외면했지. 왜 사람들은 장애인을 위한 특수 학교를 세우는 일에 반대한 걸까? 그리고 장애 학생 부모는 왜 무릎까지 꿇으면서 호소해야 했을까?

사람들은 특수 학교가 세워지면 장애 학생이 오가는 것을 주변에서 흔히 볼 수 있을 테고 그럼 동네 이미지가 나빠져 집값이 떨어진다고 생각해 학교 설립을 반대했어. 특수 학교가 생기는 것과 집값은 아무런 상관도 없는데 그걸 그대로 주장하는 것도 어처구니없지만 장애 학생이 공부할 수 있는 환경에 대해서도 전혀 신경 쓰지 않는 모습이었지.

장애를 떠나 누구든 학교를 다니면서 공부할 권리가 당연히 있는데, 장애인 교육을 전문으로 하는 학교는 설립 단계부터 커다란 장벽에 가로막혀 있어. 이런 상황에서 장애인이 교육권을 보장받고 있다고 할 수 있을까?

장애 학생과 비장애 학생 모두 다닐 수 있는 학교의 상황도 좋지 않아. 가령 학교에서 시각 장애 학생을 위한 점자 교과서를 받기 위해서는 몇 개월이 걸려. 개학을 했는데도 교과서가 없는 학생이 생기지. 저시력 학생을 위해 크게 인쇄된 교과서도 크고 무겁기만 하고, 실제 글씨는 별로 크지 않아서 사용하기 불편해.

그뿐만이 아니야. 시험 볼 땐 어떨까? 읽고 쓰기가 불편한 장애 학생이 있다면 시험 보는 시간이 더 주어져야 하고 시험지도 장애 학생에 맞게 만들어져야 하는데 이걸 보장해 주지 않는 학교가 여전히 많아. 심지어 비장애 학생 중에는 장애 학생에게 시간이 더 많이 주어지는 건 공정하지 않다고 주장하는 경우도 있어. 이 학생들의 주장은 정말 옳은 것일까? 다시 한번 생각해 보자.

만약 비장애 학생이 한 시간 만에 공부할 수 있는 걸 장애 학생은 세 시간 이상 공부해야 한다면, 그것은 공정한 걸까? 집에서 학교까지 거리가 같아도 비장애 학생이 5분이면 갈 수 있는 걸 장애 학생은 20분 넘게 걸리다 보니 상대적으로 공부할 시간도 이동 시간에 빼앗기는 상황이라면 그건 공정한 걸까? 만약 너희가 다른 학생보다 다른 데 더 시간을 많이 빼앗기고 공부하는 데도 더 공을 들여야 한다면 공정하지 못하다고 말할 거야. 이처럼 장애 학생들은 대부분 공정하지 못한 상황에 처해 있어.

학교에서 장애 학생에게 다른 시험지와 시험 시간을 주는 것은 특혜가 아니라 비장애 학생들이 당연하게 받는 많은 혜택을 장애 학생은 온전히 누리지 못하기 때문에 생겨난 거야. 결국 우리 사회에서 장애 학생이 공부할 기회를 얻지 못하는 것은 차별이고, 학교에서 장애 학생이 실력을 제대로 발휘할 수 있도록 편의를 제공하는 것은 당연한 권리 보장인 거지.

누구든 마음 편히 학교에서 공부하고 일정한 수준의 교육을 받을 수 있어야 해. 장애 학생도 비장애 학생처럼 어려움 없이 공부할 수 있는 환경이 마련되어야 하는 것은 배려가 아니라 권리지. 앞으로 장애 학생과 비장애 학생이 서로의 다름을 존중하고 도움을 주며 함께 공부할 수 있는 환경이 만들어질 때 모두에게 공정한 교실도 많아질 거야.

일할 기회마저 없는 장애인

　세상의 모든 사람은 일을 해. 그리고 일을 한 대가로 임금을 받지. 사람들이 직장에서 열심히 일하는 것은 일한 만큼의 대가를 받기 때문이야. 정당한 대가를 받고 일하며 보람을 얻지. 그런데 장애인들은 일할 기회마저 없는 경우가 많아.

　일할 수 있는 사람 중에서 실제로 일을 하는 사람들의 비율을 고용률이라고 하는데 장애인의 고용률은 얼마나 될까? 2024년 기준 우리나라 장애인 고용률은 34%에 불과해. 비장애인 고용률의 절반밖에 안 되지. 그리고 한 해 동안의 새로 고용한 장애인의 비율은 2024년 기준 3.1%밖에 안 되고. 1년 동안 새로 고용된 장애인은 100명 중 단 세 명뿐이라는 거야.

기업에서 뽑지 않으니 장애인들은 일하고 싶어도 일을 못하고 있어. 여전히 기업과 사람들은 장애인이 일을 제대로 못할 거라는 편견을 가지고 있는 거지.

그럼 정말 장애인은 일을 제대로 하지 못할까? 아니야. 수제 구두를 만드는 한 회사에서는 청각 장애인이 일하는데 높은 품질의 구두를 만든다고 해. 그런데 품질 좋은 구두를 만드는 이 회사가 한때는 어려웠대. 장애인이 만드는 구두라서 품질이 좋지 않을 거라는 사람들의 편견이 퍼졌기 때문이었지. 실제 품질과는 상관없이 사람들의 편견과 의심이 장애인에게 더 일자리를 내주지 않는 거야.

장애 때문에 할 수 있는 일과 할 수 없는 일이 있는 건 맞아. 하지만 그건 비장애인도 마찬가지야. 비장애인도 모든 일을 할 수 있는 건 아니잖아? 각자 능력에 맞는 일을 하는 거지. 그러니까 장애인도 각자만의 능력에 따라 직업을 갖고 일할 수 있지. 기업이 편견을 버릴 필요가 있어.

그런데 어렵게 일자리를 얻어도 여러 가지 문제가 장애인 앞을 가로막아. 그중 가장 큰 것이 임금 문제야.

2022년 많은 장애인 단체가 거리로 나와 시위를 한 적이 있어. 장애인들이 일한 만큼 정당한 대가를 받지 못했기 때문이었지.

최저 임금이 뭔지 아니? 어떤 노동을 하든 모든 노동자가 한 시간에 받아야 할 최소한의 임금이 법으로 정해져 있는데 이것을 최저 임금이라고 해. 그러니까 직업의 종류와 상관없이 일하는 사람은 누구나 시간당 10,030원(2025년 기준)의 돈을 받을 수 있어야 하고 이것을 법적으로 보장한다는 말이야. 이렇게 최저 임금을 정한 이유는 무엇일까? 그것은 모든 사람이 노동에 대한 적당한 대가를 받는 것이 기본적인 인권이기 때문이야. 그런데 이 기본적인 권리를 장애인들은 제대로 누릴 수 없어.

우리나라 법에 따르면 장애인들에겐 이 최저 임금이 적용되지 않고 있어. 우리나라 최저 임금법에는 "정신 장애나 신체 장애로 근로 능력이 현저히 낮은 사람은 최저 임금 적용에서 제외될 수 있다"라는 내용이 있기 때문이야. 이런 법 조항 때문에 열심히 일해도 최저 임금을 받지 못하는 장애인이 많아.

직장을 다니는 장애인 중 2023년 기준 9,816명이 최저 임금보다 매우 적은 임금을 받으며 일했다고 해. 이들은 오랫동안 직장을 다녀도 월급이 고작 38만 원밖에 되지 않았지. 이는 같은 시간을 근무한 비장애인들의 월급과 비교해서 5분의 1밖에 안 되는 수준이야. 만약 너희라면 그 정도의 돈을 받으면서 일할 수 있니?

정말 장애인은 비장애인보다 적은 임금을 받아도 되는 걸까? 그런 생각에 동의한다면 이렇게 바꿔서 생각해 보자. 혹시 어른보다 나이도 적고 능력이 떨어질 수 있는 청소년들은 최저 임금을 받지 못한다는 법이 있을까? 아니면 직장에서 일을 잘 못했다는 이유로 최저 임금 이하로 월급을 받는 직장인이 있을까? 눈을 씻고 찾아봐도 그런 법도 그런 사람도 찾을 수 없어. 노동의 대가를 받는 데는 일을 얼마나 열심히 했느냐 또는 나이가 많고 적은가는 상관없으니까. 최저 임금이란 사람이 인간답게 살기 위해서 나이나 능력의 차이와 상관없이 일한 시간만큼 정당하게 대가를 받아야 한다는 것을 법으로 보장한 건데, 오직 장애인에게만 이 법은 해당하지 않아. 이것은 명백히 차별이야.

장애인들은 취업하기도 어렵고 취업을 한 뒤에도 정당한 임금을 받지 못하는 데다 직장 안에서도 많은 차별을 받아. 직장에서 장애인이라는 이유로 괴롭힘이나 따돌림을 당하는 경우가 많지. 게다가 회사에서는 장애인이라는 이유로 일을 그만두라

는 압박도 해. 회사의 승진 제도 안에서도 장애인은 언제나 관심 밖에 있어. 아무리 노력해도 승진할 수가 없지. 이렇게 차별이 심한데도 장애인들은 직장에서 살아남기 위해 어쩔 수 없이 견디며 일하고 있어.

세상 모든 사람은 자신에게 알맞은 직업을 선택할 권리가 있어. 그리고 일하는 직장에서 인간다운 대우를 받고 충분히 휴식할 권리도 있지. 이것을 노동권이라고 말해. 그런데 이 당연한 권리를 장애인은 누리지 못하는 경우가 많아. 더 큰 문제는 같은 노동자 중에도 장애인의 노동권을 외면하는 사람이 많다는 거야. 노동자들의 이익을 위해 일하는 노조 중에 장애인 노동자의 권리에 관심이 없는 곳이 많지. 이건 매우 잘못된 일이야. 노동권을 보장받는 데 있어 장애, 비장애의 구분은 필요 없어. 장애인의 일할 권리가 사라진다면 비장애인의 일할 권리도 사라질 수 있다는 걸 잊지 말아야 해.

장애인 인권을 위해 싸운 사람들

인권은 장애인과 비장애인을 구분 짓지 않는데 그동안 많은 장애인의 인권은 외면받고 무시당했어. 아주 오랫동안 장애인은 아무것도 주장할 수 없었지. 장애를 하늘에서 준 형벌이라고 생각해서 장애인을 사람 취급하지 않은 적도 있었고.

그러다 평등과 차별에 대해 이야기하는 사람들이 등장했어. 그 안에는 장애인도 비장애인과 동등한 권리를 누릴 수 있어야 한다고 외치는 장애인들도 있었지. 장애인이 스스로의 권리를 말하기 시작한 거야. 그들은 차별에 맞섰고 장애인 권리를 위해 물러서지 않았어. 오랜 세월 그들이 노력한 덕분에 많은 나라에서 장애인 인권을 보장하는 기틀이 마련되었지. 그중 대표적인 사람들에 대해서 이야기해 볼게.

주디스 휴먼은 1947년 뉴욕에서 태어났어. 태어난 후 18개월이 지났을 때 소아마비를 앓게 되었고 그 뒤 신체에서 손과 팔만 간신히 사용할 수 있게 되었어. 휴먼은 교사라는 꿈을 갖고 공부하는 것을 멈추지 않았어. 성인이 되어 드디어 꿈에 도전했지. 하지만 뉴욕시 교육위원회는 장애인이라는 이유로 그에게 교사 자격을 주지 않았어. 그때부터 휴먼은 장애인의 권리를 위한 운동을 시작했지.

휴먼은 1970년 뉴욕시 교육위원회를 상대로 재판을 했고 결국 승소해서 뉴욕의 첫 장애인 교사가 되었어. 이후에도 장애인 인권을 위한 운동을 멈추지 않았지. 동료 인권 운동가들과 함께 24일 동안 미국 연방 정부 건물을 점거하는 시위를 주도했고 이 시위는 이후 미국 장애인법을 새로 만드는 데 결정적인 역할을 했어. 또한 1980년에는 국제 장애인 단체인 세계 장애인 기구를 설립하는 데 앞장섰지.

주디스 휴먼이 휠체어를 타고 세상 밖으로 나왔을 때, 수많은 계단과 턱이 그의 앞을 장벽처럼 가로막고 있었어. 심지어 비행

기를 탈 때 위험하다는 이유로 탑승을 거부당했지. 하지만 휴먼은 차별 앞에서 물러서지 않았어. 그는 장애를 개인이 모두 책임질 게 아니라 사회가 시스템을 만들어 함께 해결해야 한다고 믿었어. 그리고 그것을 위해 평생을 바쳤지.

그는 사람들에게 이렇게 말했어. "만약 다른 사람들이 당신을 3류 시민으로 본다면, 당신에게 가장 필요한 것은 자신에 대한 믿음과 당신이 권리를 가지고 있다는 사실을 아는 것이다. 그다음으로 필요한 것은 당신과 함께 싸워 줄 친구들이다."

폴 롱모어는 1946년에 태어났어. 소아마비로 일곱 살 때부터 휠체어에 의지하며 생활했지. 호흡기를 사용해 숨을 쉴 수 있었고 양팔을 쓸 수 없어 펜을 입에 물고 키보드를 두드리며 공부했지. 그는 노력의 결실로 샌프란시스코 클레어몬트 대학에서 박사 학위를 받았어. 그리고도 공부를 그치지 않았고 1988년 『조지 워싱턴의 발견』이라는 책을 낼 수 있었어. 이 책은 매우 큰 인기를 얻었고 롱모어는 많은 인세를 받을 수 있었지.

그런데 책이 잘 팔린 바람에 예상치 못한 일이 생겼어. 인세가 많아지자 미국 정부에서 하루아침에 그에게 제공하던 장애인 복지 서비스를 중단한 거야. 정부의 방침에 따르면 장애인 복지 서비스를 받기 위해서는 1년에 1만 달러 이하의 돈을 벌어야 했기 때문이야.

   그 당시 미국 사회는 장애인을 단순히 도움을 받아야 할 불쌍한 사람으로 생각하고 있었어. 그런데 돈을 많이 버는 롱모어는 더 이상 불쌍한 사람이 아니니 필요한 복지 서비스도 해 줄 필요가 없다고 생각한 거지.

롱모어는 '장애인을 무기력한 존재로 생각하는 복지 정책은 잘못되었어. 모든 장애인은 누구나 동등하게 장애 복지 서비스를 받아야 해!'라는 생각을 갖고 10년 동안 쓴 책을 연방 정부 건물 앞에서 불태워 버렸어. 그리고 이 일을 계기로 장애인 인권 운동가로 세상에 알려지게 되었지. 그는 샌프란시스코 주립

돈이 많든 적든 인권에 예외는 없어.

대학의 교수로 지내며 훌륭한 역사학자로 이름을 알렸고 장애 연구소를 세워 장애에 대한 학문을 연구했어. 그리고 죽기 전까지 평생 장애인 인권 운동가로 살았지. 롱모어는 사람들에게 "장애인은 자기 인생의 주인으로, 스스로 하고 싶은 일을 하며 생산자로 살아야 한다"는 말을 남겼어.

스테이시 박 밀번은 1987년 서울에서 한국인 어머니와 미국인 아버지 사이에서 태어났어. 태어날 때부터 선천성 근이영양증을 앓는 지체 장애인이었지. 미국으로 이주한 그는 초등학교 4학년 때 낙상 사건을 겪은 후 자신이 다른 친구들과 다르다는 것에 대해 생각하게 되었어. 밀번은 장애로 인해 좌절하는 것이 아니라 오히려 자신이 갖고 있는 장애와 장애 인권에 대해서 깊이 생각했지. 그는 개인적인 차원에서 그치지 않고 장애에 대한 차별과 부당함, 이를 해결하기 위해서 사회가 어떻게 해야 하는지 글로 표현하기 시작했어. 자신의 생각을 블로그에 올렸고 블로그 글은 큰 이슈가 되었지. 그때부터 밀번은 청소년 장애인 인권 운동가로 주목받았어.

2007년 스무 살이었던 밀번은 노스캐롤라이나 주정부 산하 장애인 협회 위원에 선정되었고 노스캐롤라이나 주정부가 공립

고등학교의 교육 과정에 장애인 역사를 포함시키는 개편 과정에 적극적으로 참여하여 이름을 알렸어. 그리고 사망할 때까지 유색 인종, 저소득층, 노숙자 등 사회적 약자의 권리를 위해 열심히 노력했어.

미국에서는 '미국 역사에 공헌하고 자신만의 방식으로 변화를 이끈 사람들'의 얼굴을 새로 발행하는 25센트 동전에 새긴다고 해. 그리고 2025년 미국에서 새로 발행하는 25센트 동전에 한국계 여성 장애인 인권 운동가였던 스테이시 박 밀번의 얼굴이 새기기로 결정했지. 한국계 인물이 미국 동전에 새겨지게 된 최초의 일이라고 해.

발달 장애인의 의사 소통을 위한 AAC 기술

발달 장애인은 제대로 된 대화나 의사소통이 불가능하다고 생각하는 경우가 많아. 그래서 그들의 생각이나 감정을 무시하거나 아예 고려하지 않는 사람들도 있지. 하지만 발달 장애인들은 비장애인과 같이 의사소통을 하고 싶고 자신의 감정을 표현하고 싶어 해. 이런 발달 장애인들의 의사소통을 지원하기 위한 AAC라는 기술이 있어.

AAC(Augmentative and Alternative Communication: 대체 및 보조적 의사소통)는 독립된 의사소통 기기나 스마트폰 앱으로 이용되는데 사용하는 장애인의 상황에 따라 설정을 바꿀 수 있고, 그림, 사진 등을 이용해 비장애인과 대화를 잘할 수 있도록 도와주는 기술이야. 또한 발달 장애인이 일상적인 생활을 관리할 수 있도록 꼭 필요한 스케줄을 정리하여 그림이나 색깔 등으로 알기 쉽게 표현해 줘. 이러한 기술은 발달 장애인이 사회에서 비장애인과 동등하게 살아갈 수 있도록 지원해 준다는 점에서 매우 중요해.

AAC 기술이 좀 더 발전하고 대중화되어서 발달 장애인과 비장애인이 쉽게 의사소통을 하고 발달 장애인이 자신의 감정과 생각을 손쉽게 표현할 수 있다면, 장애인에 대한 편견과 차별이 사라지는 데도 큰 역할을 할 수 있지 않을까?

AAC는 이미지와 음성 등을 활용하여 의사소통을 원활하게 하는 데 도움을 줘.

장애인 편의 시설이 아닌 모두 이용하는 시설

　혹시 장애인의 권리를 보장하다 보면 비장애인의 권리를 양보해야 하는 거 아니냐고 생각하는 친구가 있니? 어른 중에는 가끔 그런 생각을 가진 사람이 있거든. 하지만 장애인이 행복한 세상은 모두가 행복한 세상이야. 잘 이해가 되지 않는다고? 그럼 이제부터 하는 이야기를 잘 들어 봐.

　지하철역엔 수많은 계단이 있어. 그래서 휠체어 장애인이 이용하기 어렵지. 엘리베이터가 생기고 나서야 휠체어 장애인들은 좀 더 안전하고 쉽게 지하철을 이용할 수 있게 되었어. 그런데 엘리베이터가 만들어진 후에 사람들은 이게 장애인만을 위한

시설이 아니라는 걸 깨닫게 되었지.

지하철역의 엘리베이터는 장애인뿐만 아니라 나이가 많은 할아버지와 할머니, 무거운 짐을 나르는 사람, 임산부나 유모차를 끌고 가는 사람들도 이용해. 만약 엘리베이터가 없었다면 많은 사람들이 계단을 오르내리느라 힘들었을 거야. 결국 지하철역 엘리베이터는 장애인을 위해 만든 시설 같지만 사실은 우리 모두에게 편리한 시설이 된 거지.

지하철역 승강장에 스크린 도어가 설치되지 않았을 때, 많은 장애인이 선로에 떨어져 죽거나 다치는 사고가 일어났어. 스크린 도어가 설치되고 나서야 추락 사고가 거의 일어나지 않고 있지. 그런데 스크린 도어의 설치로 이득을 본 건 장애인만이 아니야. 비장애 승객들도 스크린 도어 덕분에 더 안전하게 지하철을 탈 수 있게 되었으니까. 중요한 건 장애인을 고려해서 만든 시설은 다른 사회적 약자에게도 편리함을 준다는 사실이야.

장애인을 고려해서 만들다가 모두가 편리하게 이용하는 시설의 대표적인 예가 독일에서 만든 수평으로 이동하는 엘리베이터야. '피플 무버'라고도 부르지.

수평, 그러니까 위아래가 아닌, 옆으로 이동하는 엘리베이터라니, 신기하지? 독일에서는 육교가 있을 자리에 수평 엘리베이터를 만들어 활용하고 있어. 육교는 계단을 올라가야 하기 때문에 휠체어를 탄 장애인이나 다리가 아픈 사람들에겐 매우 불편해. 수평 엘리베이터는 바로 육교를 이용하기 어려운 사람들을 위해 만들어졌어.

피플 무버는 큰길 맞은편에서 사람들이 엘리베이터를 타면 우선 위로 이동했다가 도로 위에서 옆으로 이동하면서 길을 건너게 하는 시설이지. 이런 멋진 시설이 만들어진 데는 '어떻게 하면 장애인도 안전하고 편하게 큰길을 건널 수 있을까?'라는 생각이 있었기 때문일 거야. 누구도 소외받지 않는 시설에 대해 고민하다 보면 세상에는 이처럼 멋진 발명품들이 계속 쏟아져 나오지 않을까?

너희도 앞으로 새로운 시설과 제도를 만들어 가는 주인공이 되었을 때, 이 사실을 잊지 않았으면 좋겠어. 우리 사회가 장애인, 비장애인뿐만 아니라 다양한 사람들이 숨쉬고 살아가는 곳이라는 것과 모두가 행복하기 위해 고민한다면 정말 세상은 그렇게 변한다는 것을 말이야.

모든 사람을 위한 유니버설 디자인

 유니버설 디자인이라고 들어 본 적 있니? 유니버설 디자인은 어떤 제품이나 시설 혹은 서비스를 성별, 나이, 장애 유무, 언어 등의 차이와 상관없이 누구나 쉽게 사용할 수 있도록 디자인하는 것을 말해. 앞에서 이야기한 모든 사람을 위한 수평 엘리베이터도 여기에 해당되지.

 유니버설 디자인이라는 용어를 처음 만든 사람은 미국의 건축가인 로널드 메이스야. 그는 아홉 살 때 척수성 소아마비에 걸렸고 이동하려면 휠체어를 타야 했어. 메이스는 학교를 다니는 동안 여러 건물이 큰 장벽이라고 생각했어. 계단을 오르내리려면 사람들의 도움을 받아야 하는 등 여기저기 이동하기가 불편했으니까. 이러한 현실에서 그는 '세상의 장벽을 없애는 방법은 없을까?'라는 고민을 시작했고 이는 그를 남들과 다른 생각을 가진 건축가가 되게 했어.

지금도 변하지 않은 부분이 있지만 예전에는 대부분의 디자인이 비장애인에다가 건장한 성인 남성을 기준으로 만들어졌어. 노인, 여성, 어린아이, 장애인들은 디자인을 만들 때 고려 사항이 아니었지. 하지만 로널드 메이스는 달랐어.

메이스는 특별한 사람들을 위한 특별한 생각이 아니라, 모든 사람들을 위한 방향으로 생각하는 것이 중요하다고 여겼어. 그래서 나이, 성별, 신체적 특징 등 다양한 차이를 가진 사람들도 누구나 편리하게 이용할 수 있는 제품과 서비스를 설계했지. 바로 유니버설 디자인을 시작한 거야.

메이스가 유니버설 디자인의 필요성을 주장한 이후 다른 사람들도 유니버설 디자인을 활용했어. 그 덕분에 장애인, 비장애인, 노인, 어린아이 모두가 사용 가능한 훌륭한 제품과 서비스가 생겨났지. 왼손잡이, 오른손잡이, 누구나 사용할 수 있는 양손잡이 가위, 손을 이용하지 않고 입에 물고도 사용할 수 있는

볼펜, 시각 장애인도 쉽게 시간을 알수 있는 시계 같은 것들이 유니버설 디자인에 해당해. 이런 멋진 디자인을 한번 만들어 보고 싶지 않니?

유니버설 디자인은 능력 있는 디자이너만 만들 수 있는 게 아니야. 생활하면서 한 가지 생각을 놓치지만 않으면

과거에는 인도가 끝나는 지점에 높은 턱이 있어 불편했어. 하지만 지금은 턱을 낮춰서 모두가 이용하기에 편리해. 이것도 유니버설 디자인 덕분이야.

누구라도 가능해. '모든 사람이 사용하기에 편리한 제품인가? 그렇지 않은가?' 하고 말이야. 이런 생각으로 항상 주변을 살펴볼 수 있다면, 그리고 어떻게 바꿔야 모든 사람이 쉽게 사용할 수 있을까를 고민해 본다면 유니버설 디자인을 만들 수 있어. 그러니 너희도 도전해 봐. 혹시 알아? 번뜩이는 아이디어 하나로 장애인, 비장애인 모두를 행복하게 만드는 멋진 제품이 세상에 나오게 될지 말이야.

장애인도 비장애인도 행복한 무장벽 도시

우리가 살고 있는 도시는 모든 사람들이 편리하고 안전하게 생활할 수 있는 곳일까? 아마 "정말 그래요!"라고 말하는 친구들은 별로 없을 거야. 아니면 아직 한 번도 그런 고민을 해 본 적이 없는 친구들이 많을지 몰라.

하지만 이제 유니버설 디자인에 대해서도 알게 되었으니 우리가 살고 있는 도시가 과연 모든 사람에게 행복한 도시인지, 행복한 도시가 되려면 무엇이 바뀌어야 하는지 고민해 보면 좋겠어. 장애인, 비장애인, 노인, 어린아이 모두 안전하게 대중교통을 이용하고 있을까? 누구나 쉽게 정보를 얻고 도시에서 제공하는 여러 서비스를 이용하고 있을까? 이런 고민이 필요하지.

그런데 우리가 사는 도시가 모든 사람에게 편리하고 안전한 도시인지를 어떻게 알 수 있냐고? 간단한 방법이 있어. 일단 생활할 때 편리하고 안전한지 살펴보는 거야. 어린이가 이용하기에 계단이 너무 높지 않은지, 알림 표지판이 이해하기 어렵지는 않은지, 횡단보도 보행 신호의 대기 시간은 어린이의 걸음 속도를 고려해서 만들어졌는지 등을 생각해 보면 돼. 나의 입장부터 시작해서 '시각 장애인이라면, 휠체어를 타는 장애인이라면, 지팡이에 의지해 걷는 노인이라면' 하고 생각을 넓혀 나가는 거야. 그리고 도시를 한번 지켜봐. 바꿔야 할 부분이 조금씩 보이게 될 거야.

최근 들어 도시를 설계하고 운영하는 사람들 중에 이런 고민을 하는 사람들이 늘어나고 있어. 모든 사람들이 편리하게 생활하는 도시를 설계하는 것, 이것을 '배리어 프리 도시'라도 하는데 우리 말로는 무장애 도시 또는 무장벽 도시라고 불러. 나는 무장애 도시라는 말보다 무장벽 도시라고 부르는 게 더 맞다고 생각해. 배리어 프리 도시는 단순히 장애인을 위한 편의 시설을 갖춘 도시가 아니기 때문이야.

　무장벽 도시는 시설이 모두를 고려해서 만들어져야 할 뿐만 아니라 법과 제도도 장애인, 비장애인 모두를 고려해야 해. 다양한 사람들 사이의 차별과 편견도 사라져야 하고 말이야. 그러기 위해서는 무엇보다 법과 제도를 만들고 바꿀 수 있는 정치인들도 '무장벽 도시는 어떻게 만들 수 있을까?'를 고민해야 하지.

그런 정치인들은 어디서 나타나냐고? 우선 선거에 참여해 차별과 편견 없이 올바른 생각을 가진 정치인을 뽑아야 해. 우리 지역 후보 중에 소외받는 사람 없이 모두가 행복할 수 있는 도시를 만들 수 있는 사람인지를 판단해서 투표해야 하는 거야.

아직 선거할 나이가 아닌데 어떻게 하냐고? 구청이나 시청에 우리의 목소리를 전달하는 방법도 있어. 너희가 생활을 하면서 발견한 문제, 누군가에게는 불편하게 만들어져 있는 도시의 시설이나 제도를 그냥 무시하지 않고 바꾸어야 한다고 목소리를 내는 거야. 작은 행동 같지만, 이런 목소리들이 모이면 도시를 운영하는 정치인들의 생각을 바꾸게 만들 수 있어. 마음만 먹으면 충분히 도시를 바꿀수 있다는 걸 잊지 마.

무장벽 도시는 누가 만들어 주는 게 아니라 모든 사람이 함께 만드는 거야. '내가 사는 도시는 모든 사람이 행복하게 살 수 있어야 해'라는 희망을 놓지 않는다면 우리나라 곳곳에서 무장벽 도시들이 생기는 날도 멀지 않았을지 몰라.

장애, 비장애 학생이 함께 공부하는 행복한 교실

 너희가 집을 제외하고 하루 중에 가장 많은 시간을 보내는 곳이 어디일까? 바로 학교야. 그런데 앞에서 이야기한 무장벽 도시처럼 학교도 장애 학생과 비장애 학생들이 차별 없이 공부하도록 만들 수 있을까? 실제로 유니버설 디자인으로 세워진 학교가 한국에도 있어. 바로 서울에 있는 서진 학교야.

 서울특별시 건축상 대상을 받은 서진 학교는 발달 장애 학생들이 다니는 특수 학교야. 기존에 있던 학교 건물은 장애 학생이 생활하기에 불편하기 짝이 없었지. 하지만 유니버설 디자인을 이용해 새로 고친 학교는 완전히 달라졌어.

서진 학교의 건물은 다른 학교와 달리 'ㅁ'자 모양이야. 이렇게 만든 이유는 장애 학생이 쉽게 교실을 찾을 수 있도록 하기 위해서지. 또 이동해서 수업을 받는 음악, 과학 등의 교실을 같은 층에 배치해서 혹시 길을 잃더라도 쉽게 찾을 수 있게 만들었어. 그리고 복도 가운데 원형 공간에는 북카페를 만들었지. 이곳에서 학생들은 언제든지 책을 읽고 쉴 수 있어.

또 서진 학교의 복도는 다른 학교보다 두 배 정도 넓어. 복도 바닥에는 무지개 색 지시선이 표시되어 있어 쉽게 길을 알아차릴 수 있지. 덕분에 움직이는 범위가 큰 장애인도 편히 다닐 수 있고 길도 잃지 않아.

서진 학교는 단순히 장애 학생을 위한 시설이 아니라 장애 학생과 비장애 학생이 모두 안전하고 편하게 생활할 수 있도록 디자인했다는 점에서 많은 칭찬을 받았어. 모든 학교가 이러면 좋지 않을까? 하지만 그건 매우 어려운 일이야. 우리나라에 있는 대부분의 학교는 장애 학생을 고려하지 않고 만들었으니까. 건물 전체를 뜯어 고치지 않고서는 바뀔 수 없지.

그럼 학교를 바꾸기 위해 우리가 할 수 있는 일에는 무엇이 있을까? 학교에 휠체어를 타는 학생들을 위한 경사로나 엘리베이터가 곳곳에 설치되어 있는지, 장애 학생이 공부하는 데 필요한 교과서나 학습 도구가 미리 배치되어 있는지, 도서관에 장애 학생이 쉽게 책을 볼 수 있는 시설이 있는지 등을 살펴보고 하나씩 바꿔 나간다면 유니버설 디자인에는 못 미쳐도 모두가 동등하게 공부할 수 있는 학교로 디자인하는 것은 가능할 거야.

배리어 프리 기업을 아시나요?

여행 관광 상품 광고 중에 '배리어 프리 여행' 또는 '무장애 여행'이라고 홍보하는 것을 본 적 있니? 이것은 장애인이나 노인 등 여행을 하기 어려운 상황에 처한 사람들도 편리하게 여행할 수 있도록 만든 여행 상품을 홍보하는 거야.

예전에는 기업들이 장애인에 대해 관심이 없었어. 그래서 비장애인을 위한 상품만 개발했지. 결국 장애인은 정당한 소비자로서의 대우를 받지 못한 거야.

하지만 변화가 시작되고 있어. 장애인 인권도 중요하다고 생각하는 사람들이 차츰 늘어나자 장애인, 비장애인 모두가 만족

할 만한 상품을 만드는 기업도 생긴 거야. 어떤 기업이 있는지 한번 살펴볼까?

먼저 휠체어 탄 여행자들을 위한 맞춤 여행 패키지를 판매하는 여행사가 있어. 또 시각 장애인을 위한 음성 해설 기능이 있는 텔레비전을 만드는 기업, 컴퓨터 프로그램 자막의 크기나 색깔, 소리의 정확도 등을 사용자에 맞게 설정하여 누구나 사용할 수 있는 프로그램을 개발하는 소프트웨어 회사도 있지. 그리고 보행 내비게이션 로봇을 통해 시각 장애인도 매장 안을 마음껏 돌아다닐 수 있는 시스템을 구축한 기업 등이 있어. 어때? 배리어 프리 기업도 참 다양하지?

처음 배리어 프리 기업이 탄생한 것은 기업의 '사회적 책임' 때문이었어. 소비자에게 물건을 팔고 남은 이익의 일부를 다시 사회에 돌려주는 것을 기업의 사회적 책임이라고 하는데 예전 배리어 프리 기업들은 사회적 책임 때문에 손해를 보더라도 배리어 프리 제품을 만들었지. 하지만 지금은 배리어 프리 상품도 이익을 남기기 시작했어.

배리어 프리 상품도 늘어나고 지금까지 사회적 장벽과 차별 때문에 상품과 서비스를 구입하기 어려웠던 사람들의 소비도

늘면서 기업의 이익이 커졌다고 해. 그래서 최근에는 배리어 프리 상품을 디자인하기 위해 장애인 자문단을 구성해 조언을 얻기도 한대. 차별을 없애기 위해 노력하는 기업의 이미지도 만들 수 있고, 여태 소외받았던 새로운 소비자를 고객으로 끌어모은

다는 점에서 배리어 프리 상품을 만드는 기업의 노력은 계속될 거야.

근데 나는 많은 기업이 사람들을 고용하는 부분에서도 장벽을 없앴으면 좋겠어. 그렇게 된다면 장애, 나이, 국적 등을 이유로 일할 기회를 얻지 못하는 사람 없이 누구나 능력에 맞게 정당한 대우를 받으며 일하는 진정한 배리어 프리 기업이 되지 않을까 싶어.

그리고 그런 기업이 많아져서 장애인도 회사에서 배리어 프리 상품을 만드는 데 적극적으로 참여한다면 배리어 프리 상품의 질도 정말 좋아지지 않을까? 아직은 꿈 같은 이야기일지도 모르지만, 이루어지지 못할 일만은 아니라고 생각해. 왜냐고? 장애인을 위한 상품은 전혀 생각지도 않았던 기업이 지금은 당연하게 배리어 프리 상품을 만들게 된 것처럼 회사 구성원에 대한 생각도 바뀌지 말란 법은 없으니까. 모두가 평등하고 동등한 대우를 받는 기업이라니, 생각만으로도 가슴이 벅차올라.

유니버설 디자인, 브래들리 타임피스

　장애인, 비장애인을 떠나 모두가 함께 사용할 수 있는 유니버설 디자인의 대표적인 물건 중 하나인 브래들리 타임피스를 소개할게. 브래들리 타임피스는 손목시계인데, 눈으로 봐서 시간을 아는 시계가 아니라 손끝으로 만져서 시간을 알게 되는 시계야. 이 손목시계에는 구슬이 두 개 있는데 하나는 옆면에 달려 있어서 시간을 나타내고 다른 구슬은 앞면에 달려 있어서 분을 나타내. 그래서 손가락 촉감만으로 시간을 알 수 있지.

　이 시계의 개발자는 대학 시절에 겪은 시각 장애인 친구와의 일화 때문에 브래들리 타임피스를 만들게 되었다고 해. 하루는 시각 장애인 친구가 수업 중에 그에게 시간을 계속 물어보았대. 이유를 알고 보니 시각 장애인 친구에게는 음성으로 시간을 알려 주는 디지털 시계가 있었지만 조용한 강의 시간에 방해가 되기 때문에 사용하지 않았다고 해. 이 일을 계기로 시각 장애인도 마음 편히 쓸 수 있는 시계를 개발하게 된 거지.

　브래들리 타임피스는 기능뿐 아니라 디자인도 중요하게 생각하고 만들어졌어. 시계를 만들면서 비장애인뿐 아니라 시각 장애인들도 디자인에 대해 신경 쓴다는 사실을 알게 되었기 때문이지. 그래서 이 시계는 누구나 편리하게 쓸 수 있으면서도 감각적인 디자인으로 많은 사람들의 관심을 받게 되었어. 그리고 브래들리 타임피스는 유니버설 디자인이란 이런 거다 하는 걸 알려 주는 대표적인 사례가 되었지.

브래들리 타임피스는 디자인 덕분에 비장애인에게도 많은 관심을 받고 있어.